AF247319

SPÉCIFIQUE

POUR L'AN VIII,

OU

MOYENS DE REMÉDIER

A LA PÉNURIE DES FINANCES.

Par Ch....

———

SPÉCIFIQUE

POUR L'AN VIII,

OU

MOYENS DE REMÉDIER

A LA PÉNURIE DES FINANCES.

Il faut des mesures vigoureuses et extraordinaires pour sortir de la crise où nous sommes, a dit Lamarque dans une des dernières séances du Conseil des 500. Je crois que ce représentant auroit dû prendre l'inverse de sa proposition. Ce sont des mesures *douces* et *ordinaires* qu'il nous faut : les autres mettent à une épreuve trop rude le corps politique : elles finiroient par en bri er tous les ressorts, si l'on ne vient promptement à son secours par des moyens propres à ramener l'union et la confiance parmi nous. C'est par des mesures *violentes* et *extraordinaires* qu'on a éloigné ces divinités consolatrices et bienfaisantes, épouvanté la classe des citoyens paisibles ; qu'on l'a mise en opposition avec le Gouvernement ; qu'on a resserré les bourses, et qu'on a fait d'un peuple, naturellement bon et sensible, un assemblage d'hommes qui se craignent, se trompent et se détestent.

Les luttes que les deux grandes autorités ont entretenues entr'elles sont cause d'une partie de ces maux : elles ont montré à nud des passions hideuses : elles ont amené les 18 fructidor,

22 floréal , etc. On les appelle des jours de victoire ; mais des triomphes qui ont fait voiler la constitution, n'ont-ils pas coûté trop cher , et peuvent-ils porter dans nos cœurs une joie bien pure et bien tranquille ?

Comme ces combats se sont presque toujours passés entre Législateurs et Directeurs , et qu'ils n'ont pas eu d'autre théâtre que Paris, le reste de la France n'y a pas pris autant de part qu'on pourroit se l'imaginer (1). Les esprits bons et simples , au contraire, en ont gémi ; et si leurs gémissemens ont été secrets , c'est parce qu'amis de la paix , ils espéroient, à chaque commotion , que ce seroit la dernière. Ils sont même allé plus loin : ils ont cru tout ce que le parti victorieux leur a dit : ils ont maudit Barthelemi et Carnot, quand Merlin et la loi du 19 fructidor les ont présentés comme des conspirateurs : ils ont pris les mêmes sentimens sur Merlin et consorts, quand, au 30 prairial dernier , leurs statues ont été brisées (2).

------

(1) Je sens que je ne suis pas ici tout-à-fait d'accord avec Garat, qui a dit que toute la France a sanctionné ces journées : Garat a parlé en orateur , et moi en logicien.

(2) Ce renversement rapide de célébrité et de réputation , fournit au sage d'étranges sujets de méditations. Depuis le commencement de la révolution , il n'y a pas un seul homme porté aux premières places, qui n'ait été , tour-à-tour, l'idole et l'exécration du peuple. Lafayette a payé cher l'enthousiasme des Parisiens , et , on peut le dire , de toute la France : Pétion , dont le nom n'étoit pas prononcé sans idolâtrie , a fini , ne trouvant pas un seul asyle , par être la pâture des bêtes féroces : Roland et Clavières, qui emportèrent deux fois des décrets d'avoir bien mérité de la patrie , ne se sont soustraits à l'échafaud qu'en se donnant eux mêmes la mort. Je ne parlerai pas de Robespierre , de Barrère , de Danton et des autres membres du comité de salut public , à qui il ne manqua pas la félicitation d'une seule municipalité de la République, et qui furent ensuite conduits au supplice ; mais je nommerai tous les Directeurs : ils sont arrivés sous la pourpre au milieu d'un concert universel d'éloges , et ont été chassés comme prévenus des plus grands

A toutes ces époques, le Corps législatif et les Directeurs ont dit au peuple qu'ils venoient de déjouer une grande conspiration ; que les scélérats alloient faire place à des républicains purs et incorruptibles ; qu'il n'y auroit plus ni vol ni dilapidations, que le règne des loix, le respect à la constitution étoient assurés ; que la prospérité publique, enfin, alloit être la suite du nouvel ordre de choses. A six mois de là, autre langage : ces républicains purs n'ont plus été que des monstres qui avoient compromis le salut public, bien plus gravement encore que les anciens fonctionnaires ou législateurs, fructidorisés ou floréalisés. Peu s'en faut même qu'on ne parle d'en rappeler une partie.

Toutes ces contradictions n'ont échappé à personne, et surtout au citoyen paisible, qui n'a d'autre ambition que d'obéir aux loix et de vivre sous leur protection. Toutes ses idées ont été confondues : un scepticisme involontaire s'est emparé de son esprit ; et ce choc continuel entre les opinions et les événemens ne lui a plus permis d'avoir confiance ni aux hommes ni aux choses.

Ainsi, pour être de bon compte, il faut avouer que si la plupart des citoyens sont en méfiance sur les opérations et même sur les intentions des premières autorités de la République, c'est bien la faute de celles-ci ; et que si l'on veut ramener les esprits et retremper l'opinion, il faut prendre une marche toute opposée à celle qu'on a tenue jusqu'à présent.

Il faut d'abord rassurer le peuple sur la moralité de ses Lé-

---

crimes. Syeyes, qui entre à peine au Directoire, est déjà l'objet de la haine d'un certain parti. Au milieu de cette fluctuation, de cette tempête continuelle, que la position du citoyen confiant et tranquille est affreuse ? Il s'incline devant l'autorité que la loi lui donne, et demain on lui en fait un crime. O gouvernans ! qui passez avec tant de rapidité, ayez pitié de ce pauvre peuple, qui marche devant vous avec tant de soumission.

gislateurs ; car il est impossible d'espérer aucune amélioration, si l'exemple n'est pas donné par la représentation nationale. On demande de grands sacrifices aux Français : pour les obtenir, il faut que le Corps législatif s'en impose à lui-même. On ne peut pas imaginer jusqu'à quel point on désapprouve les moyens qu'il a mis en usage pour outrepasser la mesure du traitement que la constitution lui accorde. Fixé à un certain nombre de myriagrames de froment, le prix en argent avoit d'abord été formé sur les mercuriales des marchés de Paris ; mais comme ce taux n'étoit pas le plus avantageux, il fut imaginé de le calquer sur le prix moyen de tous les marchés de la République, sous prétexte que les membres du Corps législatif étant représentans de la France entière, il seroit injuste de prendre pour base le prix d'un marché particulier (1).

Non contens de cette amélioration, les députés ont arrêté en leur faveur une indemnité, pour ports de lettres, qui n'est certainement pas absorbée par la dépense que cet objet occasionne : mais ce qui a causé la plus grande surprise, c'est l'augmentation de traitement qu'ils se sont attribuée, sous prétexte de secrétaires, etc., et cela dans un moment où les finances étoient dans un délabrement horrible, où nos armées, nos hôpitaux et tous les autres établissemens publics manquoient de tout, et où les malheureux rentiers mouroient de faim.

Cette conduite a eu des conséquences funestes. Elle a porté la démoralisation dans le Corps législatif même : il n'a plus osé mettre, à l'avidité des autres, un frein qu'il avoit lâché pour

____

(1) Quelques personnes se sont demandées quelle seroit la conduite des Conseils, si la halle de Paris devenoit, pour la valeur des grains, le marché le plus cher de la France ? Il est fort à présumer que par un raisonnement, bien plus naturel et plus concluant que celui ci-dessus, on suivroit cette dernière base d'appréciation. En effet, rien de plus juste que d'évaluer le grain d'après le prix du lieu où il se consomme.

lui-même. Les ennemis de la révolution y ont trouvé des armes pour la combattre , et pour ébranler la confiance des républicains, en leur montrant comme un vice de notre constitution , ce qui n'étoit qu'un abus d'autorité (1).

Je sais bien que la plupart des membres du Corps législatif cherchent à se faire illusion sur ces reproches d'avidité qui leur sont faits ; qu'ils ne sont pas en arrière de dire que la représentation nationale ne doit pas être avilie par le besoin ; que le séjour de Paris est dispendieux ; que l'indemnité avec ses accroissemens atteint à peine les dépenses qu'un député avec sa famille est obligé de faire ; qu'il seroit inconséquent qu'un représentant du peuple n'eût pas un traitement plus considéra-

---

(1) Ce n'est pas le seul côté foible que prête le Corps législatif aux ennemis de la chose publique ; ceux ci ne manquent pas de faire remarquer que les députés seuls ne participent pas aux sacrifices qu'ils ont exigé des autres fonctionnaires publics. En effet, par une loi de pudeur, ils avoient renoncé à l'augmentation des 4000 francs qu'ils s'étoient attribués , sous prétexte de secrétaires qu'ils n'ont pas : cette renonciation a dû avoir lieu à dater du premier messidor dernier. Tout étoit donc consommé à cet égard , et le Corps législatif restoit avec son traitement constitutionnel. Depuis lors , on a soumis tous les fonctionnaires publics à l'abandon d'une partie des sommes que la Nation leur paye : les représentans du peuple, qui auroient dû briguer l'honneur d'être les premiers à donner cet exemple , et par conséquent à réduire leur traitement constitutionnel de 8000 francs à 6000 francs , ont bien calculé autrement : ils ont fait revivre l'augmentation de 4000 francs , éteinte par la loi du......., et ont dit que le retranchement se feroit sur la totalité de leur traitement , y compris cette augmentation , de manière qu'il leur reste 9000 francs , c'est-à-dire ; 1000 francs au-delà de ce que la constitution leur accorde , et que , loin que la loi qui retranche le quart aux autres fonctionnaires , soit applicable aux députés , elle a été une occasion de bénéfice pour eux. On faisoit ce calcul dans une table où étoient plusieurs députés : l'un d'eux ne trouva d'autre explication à donner que par l'immoralité proverbiale de Beaumarchais, *que ce qui est bon à prendre est bon à garder.*

ble qu'un premier commis de ministre, etc. etc. Tous ces rai-
sonnemens, auxquels il y auroit plus d'une réponse à faire,
n'apportent aucune conviction, et ne laissent pas moins à dé-
couvert l'inconvenance d'une augmentation, d'autant plus in-
tolérable, qu'elle est prise contre le vœu de la constitution.

Ce n'est pas pendant une guerre désastreuse, lorsqu'on crée
tous les jours de nouveaux impôts, et que toutes les administ-
trations publiques souffrent, qu'il falloit penser à améliorer le
sort des Législateurs. Ils nous disent à chaque instant qu'ils
sont prêts à verser leur sang pour la patrie; et ils refuseroient
de faire en sa faveur un petit sacrifice d'argent (1)!

J'aurois bien encore à parler d'autres dépenses des deux
Conseils ; mais leur sagesse en hâtera la diminution, et je me
contenterai d'observer, à l'égard de celles qu'occasionnent les
fêtes nationales, entr'autres les deux dernières illuminations,
que ce qui m'a frappé et attristé en même tems, c'est le silence
et l'espèce d'indifférence que j'ai remarqués dans les spectateurs.
Je n'ai pas entendu une seule voix se livrer à ces exclamations
joyeuses qu'on entendoit dans les premières fêtes de la République : tout le monde étoit grave, il paroissoit même sur
quelques visages des signes de désapprobation ; c'étoit vraisem-
blablement de la part de ces malheureux rentiers : ils avoient
l'air de dire que ces illuminations se faisoient à leurs dépens.

---

(1) Il faut bien se convaincre que le Gouvernement républicain étant
sujet à des orages et à des commotions plus que tout autre, a besoin
principalement de vertus pour se soutenir contre tous ces chocs. Or,
l'amour de la patrie étant mis au premier rang de ces vertus, il doit se
manifester avec plus d'énergie chez les premiers fonctionnaires de la Nation, que chez les autres citoyens ; d'où je conclus que dans cette occasion, où il y a des sacrifices pécuniaires à faire, c'est à nos représentans
à en donner essentiellement l'exemple : toute démarche qui tendroit à
les soustraire à ce devoir sacré les aviliroit auprès du peuple, et tueroit
l'esprit public.

La première mesure et la plus essentielle , *mais qui n'a rien de vigoureux et d'extraordinaire* , de la part du Corps législatif , seroit donc de donner lui-même l'exemple d'un sacrifice réel et permanent. *Si vis me flere, flendum est primùm ipsi tibi.* S'il se détermine loyalement à céder aux besoins de la patrie , non-seulement les augmentations qu'il s'est permises , mais encore une portion de ce que la constitution lui accorde ; si une sévère économie règle toutes ses dépenses , il verra comme les autres citoyens s'empresseront de l'imiter , et de faire les plus grands efforts pour venir au secours de la patrie ; tandis que dans l'état où sont aujourd'hui les esprits et les cœurs , les mesures ordonnées par la loi sur l'emprunt , quelques rigoureuses qu'elles soient , n'en assureront pas l'exécution , ou bien détermineront des mesures dignes des tems de la terreur.

Un autre moyen qui viendroit seconder puissamment le premier , ce seroit d'arrêter le vice qui a le plus contribué à retenir le nouveau Gouvernement dans un état de foiblesse et de langueur ; je veux parler du changement continuel et désordonné des hommes en place.

Je fais grace des tems qui ont précédé la mise en activité de la constitution de l'an 3 : s'ils ont été horribles sous le rapport des déplacemens ; si les compétiteurs s'égorgeoient pour se supplanter , la cause s'en trouve dans l'anarchie de ces tems ; mais que ces mêmes vices existent après la consécration de l'acte constitutionnel , c'est ce qu'il y a de plus incroyable , et qui cependant n'existe pas moins.

Que l'on parcourre en effet nos quatre années de marche constitutionnelle , on ne trouvera pas une seule administration dans toute la France qui n'ait été bouleversée , et puisqu'il faut le dire , révolutionnée plusieurs fois dans ce court intervalle. Il n'y a pas de fonctionnaire dont la place ne lui ait été ravie par quelqu'envieux ; pas de commissaires du Pouvoir Exécutif , je ne dis pas , près les administrations centrales et les tribunaux , mais près les municipalités de canton qui n'ayent eu des successeurs.

La même légèreté a atteint les élus du peuple eux-mêmes. Il n'y a peut-être pas eu encore d'administrateur qui soit resté en place tout le tems fixé pour la durée de ses fonctions. Les ministres et leurs coopérateurs ont éprouvé le même déréglement, la même inconstance ; et le prétexte de tous ces changemens est tantôt le peu de ferveur des candidats pour le système républicain, tantôt un excès de zèle révolutionnaire.

Mais avec quelle indiscrétion ces réputations ne sont elles pas données ? il suffit d'un homme à voix de Stentor, à ton dédaigneux, pour couvrir de ridicule, pour vouer même à la haine populaire, celui que la France vénéroit la veille. Aujourd'hui au Capitole, demain sur la Roche Tarpéienne. L'engouement et la lassitude, la haine même, naissent, se succèdent et se détruisent, sans qu'on puisse donner plus de raison d'un sentiment que d'un autre (1), si ce n'est que cette mobilité est particulière aux Français, et constitue le caractère national.

---

(1) Personne n'a été plus l'idole du jour que Bénézech, ministre de l'intérieur : eh bien ! sauroit-on assigner un motif raisonnable au changement d'opinion sur son compte ? Pendant la première année de son ministère, tout le monde le désignoit pour directeur ; tout-à-coup l'opinion change ; et il eut très-peu de voix lors de l'élection du membre directorial, tandis qu'il les eût toutes recueillies quelques mois auparavant. Cependant, Bénézech a toujours apporté le même zèle et les mêmes soins dans l'exercice de ses fonctions. Il étoit familier avec les objets d'une grande administration. Jamais il ne renvoya au lendemain ce qu'il avoit pu faire la veille. Un papier ne demeuroit sur son bureau qu'autant de tems qu'il en falloit pour l'examiner et lui donner la direction convenable. Tous les objets de son ministère étoient classés dans sa grosse tête avec ordre. Il avoit de plus beaucoup de probité ; la famine disparut à sa voix : ses vues saines en fait de

Mais combien d'inconvéniens et de maux cette inconstance n'entraîne-t-elle pas à sa suite? De quoi est capable une administration dont les membres changent si rapidement? L'administrateur inexpérimenté rejette, sur des commis souvent ignorans et paresseux, des fonctions qu'il n'est pas en état de remplir lui-même. Aussi tout porte l'empreinte de l'inexpérience et du dégoût; les affaires se multiplient et s'encombrent; et, dans ce moment, il y a peu d'administrations de département qui ne présentent l'image du désordre, parce que toutes les parties sont arriérées, et que chaque administrateur, dans sa transitoire apparition, n'ose soulever un fardeau dont le poids l'épouvante ou est au-dessus de ses forces.

Comment arrêter le progrès du mal? Un des moyens les plus efficaces, à mon avis, seroit d'établir des conditions d'éligibilité, auxquelles tous les prétendans aux places seroient soumis. Si on ne pouvoit pas être administrateur de département, sans avoir rempli les fonctions municipales pendant deux ans au moins; si, pour parvenir à la législature, il falloit avoir été membre d'une administration centrale, ou juge d'un tribunal pendant cinq années, on forceroit ceux qui se destinent aux fonctions publiques à s'instruire; on briseroit cette extravagante fureur qui fait convoiter toutes les places, et courir de l'une à l'autre sans se fixer à aucune, et on n'auroit pas des fonctionnaires si inexpérimentés et si ignorans pour les remplir. La nature ne nous donne pas des hommes tout formés : il ne soit plus

---

commerce des bleds, procurèrent à la France l'économie de plusieurs millions. Il fit beaucoup de bien dans le ministère de l'intérieur; mais il en eût fait davantage dans celui des finances. Il eut débrouillé ce chaos, porté le crédit national au plus haut degré; et, certainement, le trésor public n'eût pas été entre ses mains le tonneau des Danaïdes. J'ai toujours soupçonné que Dumas le rusé, et si l'on veut le royaliste Dumas, avoit le plus contribué à lui enlever l'opinion publique.

de Minerve du cerveau de Jupiter. : donnez donc aux candidats une carrière à remplir : que ce ne soit qu'à cette condition qu'ils puissent aspirer à un poste plus éminent, et vous verrez que le peuple fera de meilleurs choix parce qu'il aura le tems de juger les sujets pendant leur permanence dans les places d'épreuve.

Un autre vice qui en entraîne beaucoup à sa suite, c'est la faculté laissée aux députés d'occuper d'autres postes, immédiatement après la cessation de leurs fonctions législatives. Il n'y en a peut-être pas un qui, lorsqu'il ne peut arriver aux places lucratives et importantes dont le Directoire est le dispensateur, ne se rabatte dans les bureaux des ministres ou dans les autres parties administratives qui s'exercent à Paris. On les avoit entendu gémir auparavant sur la modicité de leurs indemnités, comme législateurs : aujourd'hui ils s'estiment heureux d'en avoir la moitié, même moins, pourvu qu'à ce prix ils assurent leur séjour dans Babylone (1).

C'est à cet abus, qui ne tardera pas à perdre la République, qu'il faut attribuer cette superfétation scandaleuse d'employés dans toutes les administrations : ce n'est pas exagérer, que de soutenir que leur nombre est quatre fois plus considérable qu'il devroit l'être (2). L'abus est à tel point, qu'il n'y a pas d'indi-

---

(1) Je donnerai, dans un autre moment, l'état des députés qui sont dans ce cas.

(2) A force de multiplier les employés, il y en a qui ne travaillent presque pas. Tels sont aujourd'hui les chefs de division chez les ministres : ils reçoivent des chefs de bureau les porte-feuilles tout prêts; ils les portent à la signature, et tout est fait pour eux. Cette manière lestre d'agir, fait que l'on peut changer, sans désorganiser les ministères, et qu'on change très-souvent les chefs de division. Autrefois il falloit dans ces places des hommes instruits et consommés par l'expérience. Aujourd'hui on n'a pas cet embarras dans le choix : un chef de division peut être pris dans toutes les classes de la société, pourvu qu'il marche

vidu dans la République qui ne croit avoir des droits à être sala-
rié à ses dépens. Depuis trois mois, j'ai vu peut-être mille pétitions de comédiens, de perruquiers, de peintres, &c. que l'âge
ou les circonstances éloignent de leurs états, et qui demandent
à entrer dans des bureaux. Ces pétitions sont apostillées par des
hommes en place ou par des représentans.

Je sais bien que les trois quarts de ces demandes n'auront
aucun succès ; mais les autres pousseront dans les administrations, déjà excessivement encombrées, une infinité d'individus
ignorans, qui non seulement seront inutiles, mais qui embar-
rasseront et retarderont l'expédition des affaires.

Car la multiplicité des agens (cette vérité ne sauroit trop être
répétée et sentie) dans toute espèce d'administration, rend sa
marche lourde, double les petits travaux, et noye tellement le
chef dans des détails insignifians, qu'il lui est impossible de saisir les objèts en grand, et de leur donner cette direction régu-
lière, uniforme et majestueuse, sans laquelle un grand état
comme la République française ne sauroit être bien gou-
vernée (1).

Ainsi peu de coopérateurs, mais excellens, et avec l'assu-
rance qu'ils ne perdront leurs places qu'en s'en rendant indignes:
voilà le nouvel ordre de choses que sollicite impérieusement le

---

de concert avec l'opinion du jour ; mais comme elle varie très souvent,
il disparoît avec elle.

(1) Le dernier rapport fait au Conseil des 500 sur le matériel du
ministre de la guerre, porte à plus de huit cents les employés des bureaux. Je défie à la tête la mieux organisée de pouvoir saisir les résultats
et l'ensemble des travaux de cette armée de commis. Aussi y a-t-il sept à
huit ministres dans ce seul ministère : la direction matérielle de huit
cents employés exige seule ce nombre de chefs suprêmes. Qu'on se re-
porte au tems des plus grands abus de la monarchie, au ministère du
fastueux Choiseul ; ses bureaux avoient à peine cent commis.

salut de la République. J'ajoute une autre mesure aussi essentielle, c'est de prononcer, à l'égard des législateurs, une exclu-
sion absolue de toutes places, autres que de celle de directeur,
pendant trois ans au moins à dater de leur sortie des fonctions
législatives.

Je passe à un autre objet assez délicat, mais que l'amour de
la vérité me fait aborder.

Tant que la révolution a eu des abus à combattre, les mou-
vemens qu'elle a imprimés ont été dirigés pour les détruire, et
la machine politique n'en est allée que mieux : mais après les
abus, l'esprit d'innovation agissant toujours, a pénétré dans le
vif, et a mis en lambeaux toutes les institutions existantes : il a
fallu en recréer de nouvelles, et les mettre sous la sauve-garde
d'une constitution. Mais cette barrière n'a pas été assez forte ;
les esprits inquiets, ambitieux et avides de nouveautés, ont mis
leurs volontés particulières à la place de la volonté générale, et
notre révolution, dont les commencemens n'ont alarmé ni l'hu-
manité ni la raison, n'a pas moins eu le caractère de toutes celles
dont l'histoire nous a conservé les traces, c'est-à-dire, que
le corps social a été livré à des secousses, à des déchiremens de
tous genres, et qu'il ne rentrera sous l'empire des loix, qu'autant que le nouveau gouvernement sera fortement constitué, et
que l'on traitera et punira comme factieux, comme peste publique, quiconque tentera de s'écarter de la ligne constitutionnelle. Il ne reste au Français que ce refuge : si on l'en arrache,
tout est perdu. Je sais bien que la charte de l'an 3 n'est pas
exempte de défauts ; mais est-ce le moment d'en proposer, d'en
desirer même la réforme ? Des ennemis nombreux et terribles
sont à nos portes : fiers des avantages qu'ils ont remportés, ils
nous menacent d'un prochain envahissement : la guerre civile
agite ses premiers brandons dans quelques départemens ; peu
d'hommes sont contens de l'état actuel des choses, pas même le
révolutionnaire le plus exalté. Au milieu de dangers si grands ,

comment songer à des débats qui peuvent s'ajourner si commo-
dément? J'aimerois autant voir le maître d'une maison en proie
aux flammes, s'occuper du projet de la décorer et de la distri-
buer, au lieu de travailler à éteindre le feu prêt à le consumer.
Les conseils doivent donc s'interdire toute discussion sur l'acte
constitutionnel, et imposer un silence absolu à tous ceux qui
voudroient en faire la critique. Si on nous ôte ce point de réu-
nion, ce lien général, nous deviendrons nécessairement la proie
de l'ennemi extérieur, ou nous retomberons dans les horreurs
d'une tyrannie anarchique. Que ceux qui voient des taches dans
la constitution mûrissent donc leurs idées, et quand le tems fixé
par elle pour la révision sera venu, la nation recevra avec re-
connoissance le fruit de leurs méditations.

En convenant de la nécessité de ne porter aucune atteinte à la
charte constitutionnelle, il est bon d'examiner à quels gardiens
elle doit être confiée. Je n'en vois pas de plus sûrs que les propriétaires; et sous ce nom, je comprends tous ceux qui ont des
facultés quelconques : eux seuls sont intéressés à un ordre cons-
tant et à l'exécution des loix; ceux qui ne possèdent rien desi-
rent trop facilement le désordre et l'anarchie, au milieu des-
quels il leur est facile d'organiser le pillage et la terreur.

Au préjudice de ces vérités constantes, les propriétaires ont
été traités sans égard et presque comme des ennemis de la société. On exige d'eux des sacrifices si grands, qu'il semble que
c'est par grace qu'on ne les dépouille pas entièrement : on les
désigne par des noms odieux, qui n'ont été que trop souvent les
précurseurs des excès les plus funestes.

Il est tems de revenir de ces dangereuses erreurs. L'homme
qui n'a rien, doit, sans contredit, jouir de la protection des
loix; elles doivent veiller à sa sûreté, à sa conservation, comme
à celles du riche; mais on doit s'attendre au bouleversement de
l'ordre social, quand on s'en rapportera, pour la garde des for-
mes protectrices de l'ordre et des propriétés, à ceux à qui ce

même ordre impose des privations, et qu'ils ont le plus grand intérêt de troubler.

Les idées de sans-culotisme sont le poison des sociétés; à peine conviendroient-elles à l'homme dans l'état primitif de la nature; mais dès qu'il est membre d'un état policé, le respect pour les propriétés est la première des obligations qu'il contracte. Voilà le but principal de toute association : c'est pour avoir laissé violer ce principe, que notre révolution est devenue si fertile en calamités, en désordres et en dévastations.

Je crois donc que le propriétaire étant le plus intéressé à l'exécution des loix, c'est à lui à qui il faut confier les places, créées pour leur maintien et pour la garantie de l'ordre social. Il offre, pour caution du bon usage de l'autorité mise dans ses mains, son intérêt personnel, et, certes, il n'y a pas de répondant plus sûr. Le meilleur gouvernement est celui qui ne se met pas en opposition avec ce puissant mobile (1).

Je terminerai mes observations, en témoignant un desir qui me paroît commandé par les considérations les plus pressantes; c'est le choix de bons ministres. On ne sauroit calculer le degré d'influence que peut avoir, sur la prospérité nationale, sur le sort même de la République, cet acte du gouvernement. Le crédit public est bien avili dans ce moment, ou plutôt il n'en existe pas. Que le Directoire nomme un ministre des finances, dont les mœurs, l'exactitude et la sévérité soient connues et honorées, et ce même crédit se relèvera plus grand que jamais. Quoique la France paroisse dans une pénurie alarmante, il existe dans toutes les parties une force qui ne demande qu'un levier conve-

---

(1) En me présentant pour le défenseur des propriétés, je n'entends parler que de celles qui ont une source légitime et pure; car pour les fortunes acquises aux dépens de l'honneur, je voudrois pouvoir déchaîner contre ceux qui les possèdent toute la vengeance des loix.

nable pour produire les résultats les plus étonnans et les plus heureux : ce levier se trouvera dans la confiance que le ministre inspirera. S'il ne prend que les engagemens qu'il peut remplir ; s'il ne se prête à aucune opération obscure ; s'il veille à la rentrée exacte des revenus de l'état ; s'il provoque quelque mesure législative pour en finir avec ses créanciers, à qui il vaudroit mieux donner une valeur réelle, quelle qu'elle fût, que de les traîner douloureusement d'espérances en espérances toujours illusoires ; s'il a le courage de faire une incursion dans ses bureaux, dans ceux de la trésorerie, et de réduire les employés des trois quarts au moins ; s'il ne laisse ouvrir les coffres de l'état qu'au nom de la loi ; s'il donne partout le conseil et l'exemple de l'économie, l'abondance renaîtra dans le trésor public, et ouvrira rapidement tous les canaux de la prospérité publique.

Et il ne faut pas croire que pour donner aux finances cette face nouvelle, il faille des talens bien extraordinaires dans le ministre ; je ne sais pas même si une tête transcendante en subtilités de banque, n'est pas plus à proscrire qu'à desirer dans cette place, où il me semble que les idées les plus simples sont aussi les meilleures. Donnez-moi un homme grave, sévère même, d'une intelligence exercée, économe, ayant une probité à toute épreuve et les connoissances administratives, et vous aurez, à mon avis, un ministre des finances tel que la République en a besoin.

Les autres ministères exigent également de grandes qualités, et c'est dans le choix des personnes destinées à en remplir les fonctions, que le Directoire doit apporter de grands soins, afin de se garantir de cette légéreté, je veux dire les destitutions, dont il a eu quelquefois à se repentir.

Je ne dirai pas ici tout ce qu'il faut que chaque ministre fasse pour réparer les maux passés ; mais une première opération, et que je crois la plus essentielle, c'est la réduction de leurs coopé-

rateurs (1). Si le ministre de l'intérieur, par exemple, en choi-
sissoit cent d'un mérite reconnu, et qui fussent bien payés, il

---

(1) Une chose vraiment curieuse, ou pour mieux dire, monstrueuse,
te seroit de faire un tableau général du nombre d'administrateurs et
d'employés salariés aujourd'hui par la nation. Il faudroit que le Corps
législatif en ordonnât la formation, sans oublier d'y comprendre les
siens. On ne le liroit pas sans une frayeur salutaire et propre à opérer la
destruction de l'abus. Je suis persuadé que cette armée dévore la moitié
des revenus de l'état. On seroit bien plus effrayé encore si on faisoit la
comparaison de l'époque actuelle, avec les premiers momens de la République, et de la l'inconcevable augmentation de cette armée depuis lors.
J'ai un exemple bien frappant à citer. J'avois la direction, sous le ministère de Roland, de la 1ere. Division qui avoit pour attribution la corres-
pondance administrative, les assemblées politiques, l'état civil, la garde
nationale sédentaire, les prisons, les hôpitaux, les atteliers de charité, le
logement de la gendarmerie, les émigrés, l'hôtel des Invalides, le contentieux des ventes nationales sous le rapport des personnes, la circula-
tion des grains et la police générale de la République. Trente individus,
commis ou garçons de bureau suffisoient pour tous les travaux de cette division ; mais ils venoient matin et soir dans les bureaux, et travailloient au
moins dix heures par jour. Roland me donnoit dix mille huit cents francs,
en assignats, pour tous papiers, bois, lumières, encres, plumes, canifs,
et généralement pour toutes les fournitures des bureaux. Aujourd'hui, les
mêmes objets qui se traitoient dans cette division, occupent trois à
quatre cents commis, savoir, la police générale, qui forme à elle seule,
y compris les émigrés, un ministère ; les hôpitaux et les prisons, dont on
a fait une division particulière ; la gendarmerie et les Invalides, qui ont
été renvoyés au ministère de la guerre ; et le contentieux des ventes, au
ministère des finances : quant aux autres objets, ils sont restés à la première division, avec 48 commis. Ainsi on peut dire que la dépense a
centuplé à-peu-près.

Veut-on que je cite un autre objet de dépense du tems de Roland ?
Chaque ministre avoit un traitement de 40,000 francs, sur quoi il four-
nissoit à toutes les dépenses possibles de sa maison et de sa personne,
même pour les voitures. Roland trouvoit encore sur cette somme de quoi
donner deux dîners par semaine, de douze à quinze couverts, et il pré-
feroit

feroit beaucoup plus de travail, et bien meilleur, qu'avec les deux à trois cents qui inondent aujourd'hui ses bureaux et qui meurent de faim (1).

Je sens avec douleur combien ces réformes peuvent affliger d'individus, qui, peut-être, trouveront difficilement ailleurs des

---

levoit 12,000 francs pour la part des pauvres : il est vrai qu'il n'avoit rien acquis ; mais il pensoit que les fonctionnaires honorés des premières places de la République, devoient mépriser la fortune, et n'être jaloux que de l'estime de leurs concitoyens.

(1) Pour que cent commis suffisent au ministère de l'intérieur, il faudroit exiger d'eux qu'ils donnassent plus de tems à leurs bureaux qu'ils n'en donnent aujourd'hui. Ils entrent à dix heures et en sortent à quatre ; et c'est encore des plus laborieux dont je parle. Que font-ils dans les autres momens de la journée, c'est-à-dire, jusqu'à dix heures du matin et après quatre heures du soir ? Les uns ont un second état, qu'ils caressent souvent bien plus que leurs bureaux ; les autres contractent les vices de la paresse et de l'inoccupation ; et tous prennent un tel dégoût pour leurs devoirs, qu'ils ne s'approchent de leurs bureaux qu'avec peine et s'en éloignent avec transport. Si vous voulez régénérer cette partie essentielle d'économie politique, honorez et payez bien ceux qui en sont les dignes soutiens : proscrivez, par conséquent, le *maximum* du traitement qui ne fut imaginé que pour étouffer les talens et dégoûter les ames délicates. Je le compare au lit de ce tyran, sur lequel il faisoit alonger les membres de ceux qui n'en atteignoient pas les extrémités, ou bien en faisoit couper tout ce qui excédoit. Le *maximum* de 8,000 francs est dû à Cambon. En le proposant à l'Assemblée législative, il disoit : « N'est-il pas scandaleux » qu'un commis coûte plus à la République qu'un de ses représentans. En » fixant le *maximum* à 8000 francs, on trouvera de ces mercenaires plus » qu'on en voudra ». On applaudit à cette motion ; mais elle a coûté cher à la République : les hommes à vrais talens ont fui des places qui pardoient du côté de la considération et des avantages pécuniaires. Ils ont souvent été remplacés par des hommes médiocres et peu délicats, et il n'est pas étonnant que sous de pareils chefs les bureaux se soient encombrés de commis. Les moindres fardeaux effraient la médiocrité, et elle appelle à son aide une quantité innombrable de coopérateurs.

moyens d'existence ; mais les commis sont pour les administrations, et non les administrations pour les commis. C'est une raison de salut public qui ordonne le renvoi de ceux qui ne sont pas nécessaires. Tout autre considération vient échouer contre celle-ci (1).

Telles sont les vérités que ma conscience et l'attachement à ma patrie me font un devoir de publier. Je crois avoir prouvé que les crises révolutionnaires entre les premières autorités, ébranlent le respect qu'elles devroient inspirer, que le peuple en est las, et ne peut que prendre de l'éloignement pour des hommes qui s'accablent de reproches et se traitent en conspirateurs.

Que pour ramener l'opinion, il faudroit que les grands fonctionnaires n'eussent d'autres luttes entr'eux qu'en sacrifices pour la patrie ;

Qu'il faudroit appeler les hommes éminens dans les places difficiles, et peut-être, attendu leur extrême rareté, ne pas montrer tant d'éloignement pour quelques-uns de ceux que des tourbillons révolutionnaires ou des haines particulières ont fait disparoître ;

Qu'il faudroit donner pour gardiens à la constitution et aux loix, ceux qui sont le plus intéressés à les défendre, c'est-à-dire, les propriétaires ;

---

(1) Quoique je ne parle ici que des ministères, il n'est pas moins vrai que les autres administrations ont besoin des mêmes réformes ; je supprimerois même en entier la comptabilité de l'arriéré, dont je renverrois les travaux aux ministres, pour les parties qui les concernent respectivement. Quant aux administrations centrales et municipales, l'abus est tel, que la plupart des municipalités ont beaucoup plus de commis qu'en avoient les ci-devant intendans. Pour avoir raison de cette exubérance d'employés, il faudroit réduire chaque ministre, chaque administration à une somme fixe, et ne pas l'augmenter sous quelque prétexte que ce pût être.

Que le règne de la liberté ne devroit jamais être flétri par des actes capricieux et arbitraires ;

Qu'il faudroit établir dans les élections populaires un ordre tel que ce ne fût qu'après avoir rempli une place pendant tout le tems déterminé par la loi, qu'on pût être élu à une autre plus élevée ;

Qu'il faudroit éloigner les Législateurs de toutes fonctions publiques pendant les trois années qui suivroient leur sortie des Conseils ;

Qu'il faudroit restaurer les finances, et que le moyen le plus sûr d'y parvenir seroit de mettre à leur tête un ministre intelligent et probe, de réduire les dépenses et d'améliorer les re‑ cettes ;

Qu'on amélioreroit les recettes en mettant en ferme plusieurs droits qui sont en régie (1), et que quant à l'économie, il n'y

---

(1) Je ne citerai que les postes. En 1790, elles rendirent environ 11 millions, et en l'an 5 elles n'en ont pas produit quatre. La raison, c'est que plus le Gouvernement s'est mêlé de cette administration, plus les dépenses sont allées en augmentant et les recettes en décroissant. Il doit être fait un rapport au Conseil des 500 sur cette partie. Le député qui en est chargé aura des faits vraiment extraordinaires à présenter. On y verra, surtout, qu'à mesure que l'intérêt particulier a cessé de présider à cette grande administration, et que le Gouvernement y a pris part, la prodigalité succéda à l'économie, et finira par tout absorber, si on ne revient pas au système de la ferme. Je sais bien que trop de gens sont intéressés à perpétuer l'abus ; que parmi elles il y en a de puissantes et de très-adroites ; mais ayez un ministre des finances grave et inaccessible aux argumens de la corruption, et cette branche de revenus rendra au moins 11 millions. Un citoyen, que j'aime à croire véridique, m'a dit avoir demandé, avec une compagnie, la ferme des postes, à ce prix. On y consentoit, mais on y mettoit pour condition que les fermiers donne‑ roient 150,000 francs, dont il ne seroit pas parlé dans le bail. Cette pro‑ position fit fuir cette personne et sa compagnie. Au reste, il est à desirer que le rapport dont je parle soit promptement fait : chaque jour de re‑ tard coûte énormément à la République. Je me fais un devoir de donner cet éveil au représentant qui en est chargé.

en auroit pas de plus grande que dans la réduction des employés au strict nécessaire.

En dernière analyse, je crois avoir prouvé qu'au lieu de la vérge de fer et des mesures *violentes et extraordinaires* proposées par le représentant Lamarque, pour sortir de la crise où nous sommes, il n'est besoin que du retour aux idées les plus simples de justice et de vertu. Que nos Législateurs, Directeurs et premiers fonctionnaires, donnent l'exemple d'un attachement sacré à leurs devoirs, de privations et de sacrifices loyalement offerts aux besoins de la République, et toute la France s'empressera de les imiter : *Jovis ad exemplum totus componitur orbis.* Une généreuse émulation, un concert de patriotisme viendront électriser les esprits, et feront faire d'aussi grandes choses qu'au commencement de la révolution. La jeunesse courra aux armes, arrachera la victoire des camps ennemis pour la ramener sous nos drapeaux ; les autres citoyens feront les derniers efforts pour qu'il ne manque rien à nos combattans, et une paix glorieuse viendra couronner ces nouveaux efforts, pourvu que trop de sécurité ou une ambition irréfléchie ne nous en fassent pas perdre une seconde fois l'occasion.

Au reste, je n'ai fait qu'énoncer des vérités. J'espère qu'elles inspireront à de bons et loyaux membres du Corps législatif, l'envie de les développer et d'en faire l'objet d'une délibération sérieuse des Conseils.

Ch...